CATALOGUE

D'UNE BELLE

ET NOMBREUSE COLLECTION

DE

TABLEAUX MODERNES

ET DE QUELQUES BEAUX TABLEAUX ANCIENS,

APRÈS CESSATION DE COMMERCE DE M. MOYON,

DONT LA VENTE AURA LIEU,

AUX ENCHÈRES PUBLIQUES,

*Les Mardi, Mercredi, Jeudi, Vendredi et Samedi 16,
17, 18, 19 et 20 Janvier 1838, à midi,*

HÔTEL DES VENTES MOBILIÈRES,

PLACE DE LA BOURSE, Nᶜ 2,

SALLE Nᵒ 1,

Par le ministère de Mᶜ PIERRET, Comm.-Priseur, rue Richelieu, 81,

ASSISTÉ

de M. SCHROTH, appréciateur, rue Traversière-St-Honoré, 25,

CHEZ LESQUELS SE DISTRIBUE LE PRÉSENT CATALOGUE.

EXPOSITION PUBLIQUE

LES DIMANCHE 14 ET LUNDI 15 JANVIER 1838, DE 11 HEURES
A 4 HEURES

Il sera perçu 5 pour cent en sus des enchères, et applicables aux frais.

PARIS.

MAULDE ET RENOU, IMPRIMEURS,
Rue Bailleul, 9-11, près du Louvre.

(752)   1837

AVERTISSEMENT.

Le grand nombre de tableaux et études que nous avon
et l'imposibilité d'avoir un local pendant un espace de
temps convenable pour procéder à leur vente sans inter-
ruption, nous force de les diviser en trois parties : la pre-
mière, ainsi que le porte notre catalogne, aura lieu les 16,
17, 18, 19 et 20 janvier 1838, la deuxième, les 22, 23 et 24
février, et la troisième et dernière, dans le courant du mois
de mars suivant. Afin de faire connaître à MM. les amateurs
les séries des tableaux qui seront vendues à chacune de ces
époques, il sera établi une feuille de numéros indicative de
chacun desdits tableaux, et qui sera distribuée avant ladite
vente.

Les ventes subséquentes seront annoncées par de nou-
velles affiches; mais nous prions MM. les amateurs de vou-
loir bien conserver leur catalogue jusqu'à leur entière ter-
minaison.

Ainsi que nous l'avions annoncé par notre précédent catalogue de la vente que nous avons faite des dessins de M. Moyon, les 12, 13 et 14 décembre , nous informons MM. les amateurs et marchands , que nous vendrons, en trois parties , la nombreuse collection des tableaux de M. Moyon. L'exposition en sera brillante et nombreuse , car il a voulu en la faisant faire générale, prouver au commerce qu'il n'en retenait aucune partie ; cette vente lui présentera donc toute la sécurité désirable sous ce raport. Quant à la qualité des tableaux, nous nous abstiendrons d'en faire un pompeux éloge, parce qu'il serait inutile, et nous pensons qu'il est bien plus convenable que MM. les amateurs et marchands jugent eux-mêmes du mérite des productions de nos premiers artistes, persuadés que nous sommes, que livrés à leur propre jugement, ils en éprouveront une bien plus agréable impression et qu'ils nous sauront gré de notre discrétion.

Presque tous nos artistes de mérite et de talent s'étant plu à garnir la belle galerie de M. Moyon, MM. les amateurs et marchands y retrouveront des productions des artistes qu'ils aiment , tels que MM. Jules André, Adam, Alaux, Arrowsmith, Amiel, Beaume, Bellangé, Barbot, Boisselier, Brune, Blondel, Bidault, Barbier, Coignet, Mlle Cogniet, Court, Coudère, Canella, Colin, Dupressoir, Dehairin, Delastre, Desmoulins, Destouches, Dubufe, Debucourt, Enfantin, Fleury, Franquelin, Gudin, Girard, Guet, Géricault, Grenier, Girodet, Haudebourt-Lescot,

Jolivard, Joyant, Jolly, Jollivet, Lebrun, Lavaudan, Ledoux, Lapito. Hte Lecomte, Lebouis, Lecœur, Lemercier, X. et L. Leprince, Lesaint, Mme Lesaint, Matout, Michallon, Milon, Paul Martin, Mme Martin, Mercey, Paradis, A. Pagès, Petit, Perrot, Provost, Pingret, Roqueplan, Rioult, Mme Rumilly, Roger, Rœhn père, Rœhn fils, Rémond, Renoux, A. Scheffer, Schmitz, Sebron, Tanneur, Verbœkhoven, Vernet-Lozet, Villeneuve, Volmar et Watelet.

Catalogue

D'UNE

BELLE ET NOMBREUSE COLLECTION

DE TABLEAUX MODERNES

ET DE QUELQUES BEAUX TABLEAUX ANCIENS,

APRÈS CESSATION DE COMMERCE DE M. MOYON.

M. ADAM (Victor).

1 — Porte-étendard français tué, tenant encore son drapeau qu'un Autrichien veut lui enlever, et qui est défendu par un chien qui lui mord le bras. Ce tableau, plein d'action et de mouvement, est d'une jolie couleur; la lumière y est bien distribuée et l'effet en est agréable.
Numéro d'ordre de M. Moyon. (235)

2 — Le charlatan à la porte de l'église, le jour du marché. Ce joli tableau, composé d'un grand nombre de figures, qui en partie écoutent ses discours et font leurs achats, est d'une bonne couleur et d'une exécution facile. (674)

3 — Officier des chasseurs à cheval de la garde impériale, sur son cheval au galop. Tableau plein d'harmonie et d'un pinceau large. (670)

4 — Lancier polonais chargeant sa carabine; dans le fond des Cosaques qui s'enfuient, et sur le côté un trompette qui sonne la charge. Tableau effet de neige d'une grande vérité. (671)

6 — Mameluck de la garde, monté sur un cheval blanc, tirant un coup de pistolet. (673)

7 — Enfans près d'une fontaine, surmontée d'une croix; sur le devant un chèvre qui va boire. (198)

8 — Jeunes paysans près d'un mur. (298)

9 — Cuirassier à cheval, franchissant un affût. (672)

M. AMIEL.

9 bis. — Tête d'étude d'homme portant barbe. (320)

10 — Tête de jeune homme, vue de profil: il est entouré de sphère et de livres d'études. (112)

11 — Tête d'étude de jeune berger, couronnée de fleurs; il tient à la main une flûte de Pan. (432)

Ces trois études sont d'une grande vérité de couleur, et l'exécution en est soignée.

M. J. ANDRÉ.

12 — Paysage coupé par un ruisseau qui le serpente et près duquel sont des bestiaux; sur le devant une planche servant de pont. Tableau d'une couleur vigoureuse et brillante. (625)

13 — Vue prise aux environs d'Argenton : sur le devant une pièce d'eau, formée par le dégorgement d'une vanne, est éclairée en reflet; derrière des habitations se détachent en vigueur sur un fond clair. Ce tableau a les mêmes qualités que le précédent. (393)

14. — Entrée d'une forêt : des arbres, bien branchés et élégamment groupés, occupent toute la partie droite de ce tableau qu'ils garnissent richement; au milieu, un chemin creux qui se lie à un autre massif d'arbres, moins important que le précédent. Ce tableau, d'une richesse de couleur remarquable et énergique, est garni de petites figures et animaux bien touchés. (623)

C. ARROWSMITH.

M. BARBIER.

BAPTISTE.

25 — Deux jeunes filles du pays de Caux, en traversant
un bois, se sont arrêtées près de la cabanne d'une
Bohémienne qui leur dit la bonne aventure. (387)

M. BARBOT.

26 — Vue de Théano, dans le royaume de Naples : sur le
devant des femmes près d'une fontaine. Ce
paysage, très beau de site, est d'une couleur
vraie.   (108)
27 — Montagnes de la Grande Chartreuse.   (98)

M. BEAUME.

28 — Marchands de poissons sur la plage. De la vérité
dans les poses, dans l'expression des figures, et
une couleur suave et harmonieuse, sont les qualités éminentes de cet artiste, et l'on les retrouve dans ce joli tableau.   (567)
29 — Chariot sur une plage, au bord de la mer, auprès
duquel sont des enfans; en avant, sur le premier
plan, des femmes de pêcheurs sont assises et
debout, ayant à terre des raies, etc., et dans le
fond, est un groupe de petites figures. Ce tableau d'un effet un peu brumeux, est plein de
suavité et d'harmonie.   (228)
30 — L'Heureuse Nouvelle : une jeune fille, debout près
d'un paravent, reçoit une lettre qu'elle pose sur
son sein, et qui lui fait exprimer tout le bonheur
qu'elle en ressent : plusieurs personnes s'occupent d'elle sans qu'elle y fasse attention ; plus
loin un jeune homme, retenu par un vieillard,
jouit de son ravissement. Ce tableau est d'une
jolie couleur, les têtes sont pleines d'expression et l'effet en est harmonieux.   (695)

31 — Le Maître d'Ecole endormi.   (685)

32 — Les Enfans du Marin.   (686)

M. BELLANGÉ (H.)

33 — Prise d'un village par des cuirassiers français, et
défendu par des Hongrois. Très belle esquisse
terminée d'un grand tableau exposé au salon de
1827.   (429)

34 — Dragon de la compagnie d'élite debout et appuyé
sur son sabre, une pipe à la bouche, regardant
son cheval, vu par la croupe, et attaché au ra-
telier. Ce petit tableau est d'un pinceau agréable et l'entente du clair-obscur y est parfaitement rendu.

35 — Napoléon, accompagné de deux généraux qui sont
à quelque distance de lui, regarde dans la plaine
son armée rangée en bataillons. Petit tableau
d'une grande finesse de ton.   (165)

36 — Carabinier à pied, de bout près d'un mur sur lequel
il s'appuie, et regardant dans la campagne.
Cette figure, bien peinte, est d'un caractère vrai.
                                                   (323)

37 — Le Retour au village : un grenadier de la vieille
garde traverse la rivière dans un batelet, une
femme, assise derrière lui, réfléchit, tandis que
lui regarde avec attention l'autre rive. Ce joli
tableau est bien composé, son exécution est des
plus jolies et la couleur en est fine et transparente.   (585)

38 — Avant-garde : un groupe de chevaux attachés à un
tronc d'arbre à côté desquels sont des fantas-
sins et des hussards debout regardant deux de
leurs camarades qui dansent. Ce petit tableau,
dont les figures sont fines et spirituellement

touchées, est bien entendu d'effet. La couleur
en est agréable et transparente. (234)

BERTHIER.

M. BERTIN.

BERVILLE (De).

M. BIDAULT.

62 — Paysage, site historique : effet de soleil couchant; sur le devant le sujet d'Hyacinthe tué
par Apollon ; petit tableau précieusement
peint.   (137)

M. BLONDEL.

64 — La Providence : elle est coiffée d'un diadème re-
couvert d'un voile, et tient d'une main un mi-
roir enlacé d'un serpent, symbole de la Pru-
dence.   (318)

65 — Tête d'une jeune fille, d'un très beau caractère.
(311)

66 — Tête d'un jeune enfant, coiffée d'une belle cheve-
lure blonde.   (231)
Ces trois têtes d'étude sont d'une belle couleur,
et d'un pinceau large, suave et gracieux.

67 — Etude de tête de négresse, d'une couleur vraie.
(354)

68 — Etude de tête de femme drapée d'un manteau rouge;
la couleur en est énergique, ainsi que le modèle.   (358)

69 — Une odalisque coiffée d'un turban de cachemire
bleu, tient à la main un écran formé de plumes
de paon ; belle tête d'expression.   (374)

M. BOISSELIER.

70 — Etude d'ormes près d'une route sur laquelle est
une charrette; un militaire est assis à terre,
près d'une borne.   (363)

71 — Etude de bouleau.   (365)

BOISIO.

72 — Une mère et ses deux enfans debout près d'un
tertre : elle lève les yeux au ciel et paraît être

dans une grande affliction. Tableau d'une bonne
couleur et vrai d'expression.   (459)

73 — Hussard debout derrière une jeune fille qui tire
les cartes et lui en fait l'explication Tableau
piquant d'effet.   (87)

M. BOUTON.

74 — Intérieur de voûte , avec ouverture sur la campagne.   (376)

75 — Vue intérieure de la salle du xivᵉ siècle, aux Petits-
Augustins. L'artiste y a représenté Charles VI
au tombeau de son père.   (181)

76 — Intérieur gothique servant de prison. Très jolie
copie.   (192)

M. BRUNE.

77 — Paysage : site de montagnes au bas desquelles est un
lac , sur un monticule un château, et sur le devant plusieurs petites figures.   (134)

78 — Paysage : d'un côté est un lac, et de l'autre un
vieux château gothique.   (148)

COGNIET (Léon).

79 — 27, 28 et 29 juillet 1830.   (154)

Mˡˡᵉ COGNIET.

80 — Un jeune savoyard devant une tombe couverte de
neige. Tableau vrai de couleur et d'expression.   (372)

M. J. COIGNET.

81 — Vue de Rome prise sur le Tibre : effet de lune des
plus piquans ; sur le second plan l'on voit le
château Saint-Ange éclairé par l'illumination
du Vatican qui est dans le fond du tableau , et
qui paraît totalement enflammé ; sur le devant,
une barque couverte d'une toile près de laquelle

sont beaucoup de personnages. Ce tableau est d'une finesse de ton et d'une exécution remarquables. (645)

82 — La Chartreuse à Rome : sur le devant de la porte d'entrée, ombragée par un massif d'arbres, sont plusieurs moines assis et debout, et une femme suivie d'un chien y arrive par un large escalier. Tableau d'un pinceau large et d'une touche agréable. (121)

83 — Chemin de la grande Chartreuse : effet de nuit et de clair de lune ; dans le fond l'on voit des frères vêtus de blanc portant une lanterne qui les éclaire. (725)

84 — Restes d'un théâtre à Taormine en Sicile. Étude. (70)

85 — Marine : vue prise dans la rivière de Gênes ; effet de mer houleuse. Les eaux sont d'une grande vérité et la couleur est harmonieuse. (93)

86 — Falaises de Dieppe : sur le devant des femmes étendant de la toile. (726)

87 — Fabriques à Moret, près Fontainebleau. Étude. (648)

88 — Étude de rochers, à Fontainebleau. (652)

89 — Autre de rochers, à Fontainebleau. (653)

90 — Autre d'arbres morts. (654)

91 — Autre de rochers. (80)

92 — Autre de pin d'Italie. (22)

93 — Chênes, bouleaux et rochers près d'une sablière, à Fontainebleau. (507)

94 — Troncs de hêtres aux pieds desquels sont de belles plantes. (334)

95 — Le donjon de Vincennes. (503)

96 — Étude prise à Subiaco. (16)

97 — Autre de sapins en Savoie. (69)

98 — Autre de cabane à Salenches. (30)

162 — Environs de Palerme. (514)

163 — Vue prise à Frascati. (748)

164 — Vue prise à Vietry. (25)

165 — Vue de la rivière de Gênes. (39)

166 — Vue prise du palais de la reine Jeanne, à Naples. (500)

167 — Bains de Barberousse, à Palerme. (64)

168 — Vue du golfe de Salerne. (48)

169 — Troncs de chêne et de hêtre. Très belle étude savamment exécutée. (440)

170 — Fabrique, derrière laquelle sont des hautes montagnes : sur le devant un italien parle à une femme. Ce tableau est bien peint, les tons en sont francs et le ciel excessivement lumineux. (546)

171 — Vue prise à Grenoble. (56)

172 — Château bâti sur des rochers, au bord du Rhin. (474)

173 — Etude faite à la Chartreuse. (73)

174 — Autre, de carrière, à Syracuse. (488)

175 — Autre, de pins et cyprès, à Tivoli. (15)

176 — Autre, dans la campagne de Rome. (63)

177 — Autre, à Subiaco. (14)

178 — Vue prise à Myringen ; tableau du style âpre et sauvage : sur le devant une femme Suisse assise au pied d'un arbre, garde des vaches. (518)

179 — Vue de Salerne, prise de Vietry. Etude. (494)

180 — Etude, vue de Pestum. (47)

181 — Autre, vue du Vésuve. (49)

182 — Autre, de bouleau et hêtre. (655)

183 — Autre, troncs de bouleaux. (649)

184 — Autre, carrefour de forêt. (659)

185 — Etude de bouleau. (77)

186 — Etude de tronc de hêtre. (6)

207 — Intérieur de forêt à Fontainebleau : près d'un hêtre mort sont deux enfans qui parlent. Ce tableau, d'une couleur différente du précédent, est d'un effet bien entendu. (647)

208 — Très belle étude de chênes : des rochers garnissent le premier plan du tableau. (680)

209 — Paysage, site pris dans la Calabre : des masses de rochers près desquels sont quelques personnages, et un torrent qui roule entre des rochers, composent ce joli tableau, qui est terminé par des fabriques couronnées par des montagnes d'un beau caractère. (349)

210 — Saules et pins dans la forêt de Fontainebleau.

211 — Paysage, site de montagnes : sur le devant, un pont qui traverse un torrent. Tableau d'une grande vérité de couleur. (418)

212 — Pin sauvage dans des rochers : un brigand assis, se chauffe à un feu qu'il a allumé. (335)

213 — Torrent entre des rochers, au bord duquel est un pêcheur et une femme assise à terre ; sur le devant, un tronc de hêtre mort. Très belle étude largement peinte. (549)

214 — Paysage : sur le devant, un chêne mort près d'une route, sur laquelle est une femme conduisant des vaches dans la montagne, et à gauche, une plaine. Tableau, effet de soleil couchant, d'un pinceau énergique. (583)

215 — Vue prise au chemin de Grimsel. Étude d'une grande vérité. (742)

216 — Église et maisons bâties sur des rochers, dans les montagnes du Piémont. (1)

217 — Étude de sapins, près la Grande-Chartreuse. (203)

218 — Étude d'arbres et de troncs dépouillés. (7)

219 — Étude de rochers dans les ravins de Sorrente. (18)
220 — Autre d'arbres aux environs de Tivoli. (10)
221 — Autre de sapin sur une montagne. (23)
222 — Intérieur de forêt : à droite sur le premier plan, de belles masses de rochers, des plantes et un arbre coupé, près duquel sont des faisans. Ce tableau d'une couleur brillante est très harmonieux de ton. (712)
223 — Vue des forges d'Amalfi : sur le devant un pont traverse un torrent. Tableau d'un très beau site et d'un pinceau large et harmonieux. (196)
224 — Baraques près d'un étang, se détachant en vigueur sur une montagne derrière laquelle le soleil se couche. Tableau énergique d'effet. (553)
225 — Rochers boisés dont le pied est baigné par une mare et surmontés d'un édifice. (2)
226 — Terrains et rochers à Subiaco. (3)
227 — Pin d'Italie sur des rochers. (21)
228 — Site d'après nature pris dans les Pyrénées. Tableau d'une bonne couleur. (41)
229 — Village bâti sur des rochers : à l'entrée est une tour ombragée par des palmiers. (45)
230 — Moulin à la Cava. (65)
231 — Chemin à la Cava. (66)
232 — Étude à Civita Castellana.
233 — Châlet de Bellevue (Suisse). Étude d'après nature. (78)
234 — Étude de chardons, au pied d'une muraille. (81)
235 — Lac d'Albano. (84)
236 — Souvenir de la Chartreuse. Tableau très piquant d'effet. (89)
237 — Marine en Calabre : effet de soleil levant. Tableau harmonieux et plein d'effet. (141)

23

M. COLIN. (A.)

286 — Tête de brigand napolitain, coiffé d'un chapeau
orné de rubans. (439)

287 — Diane de Poitiers aux pieds de François 1er, im-
plorant la grâce de son père. Tableau d'une
composition agréable, et d'une belle couleur.
(168)

288 — Jeune enfant de pêcheur, jouant sur la plage. Petit
tableau d'une jolie couleur et d'un pinceau
suave et harmonieux. (313)

289 — Ruines de l'abbaye de Saint-Bertin, à Saint-Omer:
sur le premier plan, près d'une porte fermée,
deux soldats, suisse et français, se battent en
duel ; des témoins des deux pays sont présens à
l'affaire. Tableau plein de finesse et de transparence. (307)

290 — Debout, devant une porte, un homme vêtu d'une
demi-blouse et coiffé d'un bonnet rouge, tient
la main d'une jeune fille, et de l'autre lui caresse
le menton. Ce tableau est d'une couleur brillante
et gracieuse. (126)

291 — Marine. (454)

Mlle. Colin. (E.)

292 — Vue de Suisse : lac entouré de montagnes, sur le
devant un châlet et des animaux, compo-
sent ce tableau, qui est d'une couleur vraie. (167)

293 — Châlet suisse, adossé à une montagne, au bas de
laquelle sont des pâturages avec des bestiaux.
(145)

294 — Vue des Petits-Andelys: sur le devant, une rivière
faisant cascade, du plus joli effet. (388)

295 — Vue du château Gaillard aux Andelys. Tableau,
effet de soleil couchant, d'un effet vrai et harmonieux. 424

296 — Vue du port Morin, aux Petits-Andelys.   (431)
297 — Vue de Staubach, dans la vallée de Lauterburnn.
                                                      (133)

COTTEREAU.

298 — Un pêcheur napolitain assis sur la plage, au clair
de la lune, chante une barcarolle à deux jeunes
filles; l'une d'elles tient à la main un tambour
de basque. Tableau plein d'harmonie.   (592)

COURT.

299. — Tête d'une jeune fille en bonnet du matin : elle a
sur ses épaules un fichu rayé.   (457)
300 — Une jeune fille des environs de Rome est assise
près d'une fontaine où elle vient puiser de l'eau ;
elle paraît occupée d'idées riantes.   (531)
301 — Tête d'étude d'Abeilard.   (540)
Ces trois tableaux sont d'une belle couleur
et d'un pinceau énergique.

M. COUDERE.

302 — Le roi Clodomir épouse une bergère.   (565)
303 — Chilpéric et Frédégonde.   (538)
304 — Roméo et Juliette : Juliette étendue, sur le tombeau, expire dans les bras de Roméo après
avoir vidé la coupe fatale. Tableau plein d'expression.   (294)

M. DAGNAU.

305 — Paysage et moulin en Auvergne. Tableau du site
pittoresque et d'une jolie couleur.   (599)

DARDEL.

306 — Intérieur d'un cloître rue des Billettes.   (569)

DEBUCOURT.

307 — Réduit flamand où trois buveurs se sont enivrés ;
l'un d'eux dort appuyé sur la table.   (320)

M. J.-B. DE JONG.

308 — Paysage, site de montagnes boisées : sur le devant
une charrette chargée de bois coupé est attelée
de deux chevaux. Petit tableau d'une grande
vérité.   (352)

M. H. DELATTRE.

309 — Intérieur de hangar dans lequel est une chèvre,
près de la porte qui l'éclaire, derrière un jeune
garçon qui est assis sur une botte de paille, joue
avec un chien. Tableau d'un joli pinceau et
d'une couleur vraie.   (191)

310 — Anons entrant dans un hangar. Ce petit tableau
est d'une grande vérité de nature.   (322)

311 — Paysage couvert en partie par une grande et large
rivière : sur le devant des bestiaux viennent s'y
désaltérer, et dans le fond, sur un monticule,
d'autres animaux, conduits par un homme et
une femme, y arrivent. Ce tableau, brillant
d'effet, est agréablement peint.   (210)

312 — Bestiaux gardés par une paysanne assise à terre
et parlant à un enfant.   (373)

Mme DEHAIRAIN.

313 — Tandis qu'un pêcheur raccommode son filet, sa
femme lui présente son jeune enfant qui le
prend par le cou. L'attention de la femme et
l'expression du pêcheur sont vraies.   (246)

314 — Deux jeunes filles, assises sur le bord de la mer,
sur un rocher, causent et montrent du doigt
une barque qui s'éloigne. Jolie composition
pleine de grâce.   (239)

M. DELASSALE.

315 — Canards et bécasses, accrochés par la pate. Ta-

bleau de nature morte d'une exécution vraie.
(563)

316 — Fleurs d'après Van Huyssum. (171)

317 — Vase de fleurs d'après Redouté. (411)

M. A. DESMOULINS.

318 — Elisabeth et le comte d'Essex : elle lui remet un anneau. Tableau bien composé et d'une exécution soignée. (407)

M. P. E. DESTOUCHES.

319 — Tête de jeune femme coiffée d'un bonnet de crêpe noir. Très jolie étude d'une couleur fine et vraie. (463)

320 — Un hussard, assis sur un parapet, reçoit un verre de vin d'une jolie vivandière. (223)

M. DUBOIS (T.)

321 — Plage à marée basse : des embarcations profitent de la basse mer pour décharger leurs barques qui se détachent en vigueur sur une falaise blanche. Ce tableau est fin de ton, agréable de couleur et plein d'harmonie. (331)

322 — Embarcations sur une plage : une jeune fille, la main sur une barque, tient de l'autre un panier ; dans le fond des habitations de pêcheurs sur la côte. Tableau d'une jolie couleur. (487)

DUBUFE.

323 — Tête de Turc remplie d'expression. (211)

M. DUPRESSOIR.

324 — Vue de Pentlaid-Hill, en Ecosse : sur le devant un ruisseau séparant un champ de blé en maturité, derrière lequel est un monticule. Deux enfans assis et debout sont sur le premier plan. (113)

325 — Vue de la porte Saint-Guillaume à Chartres : sur
le devant des paysans à pied et à cheval traversent une petite rivière à gué. (251)

326 — Paysage : vue prise aux environs de Chartres. (615)

327 — Paysage : vue du cours de la Loire. (398)

328 — Maison de pêcheur au bord d'une rivière. (170)

329 — Habitation de paysans près d'une mare et d'un
massif d'arbres, platanes et autres. (103)

330 — Fabriques à Pont en Royans : des arbres groupés
çà et là garnissent le premier plan de ce tableau.
(395)

331 — Paysage : sur le devant un champ de blé près
d'être coupé, et dans lequel sont deux paysans ;
le fond de ce tableau est vaste, et il est terminé
à l'horizon par de petites montagnes. (296)

332 — Vue de l'intérieur du port de Leith, à Edimbourg,
en Ecosse. (142)

333 — Vue du pont de Sassenage. (254)

334 — Maisonnette bâtie sur une hauteur d'où l'on décou-
vre une plaine fertile. (140)

335 — Vue des hauteurs près Grenoble : deux voyageurs
et une dame portant leurs regards dans le lointain. (400)

M. DUVAL LE CAMUS.

336 — Le Petit rémouleur : il repasse une serpe sur sa
meule, une jeune fille et un jeune garçon le
regardent avec attention. Ce tableau est d'une
grande vérité de nature, et il est peint avec
soin. (216)

DUVAL et MEUNIER.

337 — Vallon entre des rochers, dans lequel des bergers
gardent leurs troupeaux près d'une rivière. Fixé
de forme ronde. (343)

ENFANTIN (A.)

338 — Étude de plantes aquatiques.   (341)

339 — Étude de bardanne et herbages dans l'intérieur
    d'une forêt.   (480)

M. FLEURY (Léon).

340 — Femme italienne, assise au pied d'un arbre, les
    mains jointes.   (215)

341 — Brigand blessé à l'épaule ; il est appuyé contre des
    rochers.   (444)

M. FLEURY (Robert).

342 — Brigand, un genou en terre, montre à sa femme
    une parure qui est posée à terre, près d'une
    cassette ; dans le fond, derrière des rochers,
    l'on aperçoit d'autres brigands. Tableau d'une
    couleur énergique.   (419)

343 — Femme de brigand leur apportant des provisions.
    Tableau vrai d'expression et d'une couleur riche.
                    (414)

344 — Étude de vache rouge dans l'écurie.   (124)

345 — Gusman d'Alfarache jouant aux cartes : un com-
    père regarde le jeu de son adversaire et s'ap-
    prête à lui faire des signes. Tableau bien enten-
    du d'effet.   (277)

346 — Vieux berger de Tivoli, appuyé sur un monceau de
    ruines : il a près de lui sa chèvre favorite. (464)

347 — Le fameux Gasparonne, peint à Rome en 1822 :
    ses gens lui amènent des moines qu'ils ont ar-
    rêtés. Tableau plein d'énergie.   (51

Mlle. FOURMONT.

348 — Étude de tête d'une jeune femme aux cheveux
    noirs, entremêlés de perles : d'une main elle
    tient une draperie posée autour de sa gorge.
                    (697)

349 — Tête de jeune femme blonde, la tête appuyée sur
sa main. Ces deux têtes d'études sont d'une couleur vraie.   (696)

M. FRANQUELIN.

350 — Jeune fille des environs de Rome, assise près d'une
fontaine comptant de l'argent.   (94)

Ce tableau, ainsi que ceux qui vont être décrits
à la suite, sont d'une jolie couleur, et d'un pinceau à la fois ferme et gracieux, les accessoires
y sont traités avec soin, et MM. les amateurs et
marchands, trouveront très rarement l'occasion
de se procurer un aussi beau choix de productions de cet habile artiste, ce qui nous fait pré-
sumer qu'ils y feront un accueil favorable.

351 — L'abandon : une jeune fille, assise sur une chaise,
sur le dossier de laquelle elle est appuyée dans
l'attitude de la douleur et tenant d'une main un
mouchoir qui sèche ses larmes ; un paravent sur
lequel est posé un schall rouge, un chapeau de
paille, garnissent la chambre, ainsi qu'une table
et un tabouret ; une chaise et un carton ren-
versés, un coffre brisé et des lettres déchirées,
annoncent que c'est une femme délaissée. (560)

352 — Jeune paysanne, assise au pied d'un arbre, devant
une tombe, le bras appuyé sur un tertre, se sou-
tenant la tête, et tenant de l'autre main une cou-
ronne de fleurs : la profonde affliction que le peintre a su imprimer à cette jolie figure, ne laisse
pas indécis sur le sentimemt douloureux qu'elle
éprouve.   (525)

353 — Une jeune fille à genoux aux pieds d'une jeune
femme qui lui fait faire la prière. Cette jolie
scène d'intérieur d'appartement est bien en-

tendue d'effet, les figures et les accessoires y
sont harmonieux et gracieusement peints. 443.

354   La leçon de musique, une jeune demoiselle, assise
devant une table, sur laquelle est un cahier de
de musique, chante accompagnée par un jeune
homme debout derrière elle, qui pince de la guitare. Tableau bien entendu d'effet.   (256)

355 — Trois jeunes filles gracieusement groupées, chantent ensemble. Ce tableau, dont les figures sont
de grandes proportions pour l'auteur, est, comme
toutes ses productions, d'un pinceau ferme et
agréable.   (408)

356 — Un jeune page debout et appuyé contre une table,
tenant d'une main un album et de l'autre un
crayon, semble penser à ce qu'il veut y tracer
dessus. Un tapis, des velours et des satins peints
avec une grande franchise et une parfaite vérité,
feront sûrement remarquer ce joli petit tableau
à MM. les amateurs.   (595)

357 — Etude de tête d'homme d'un beau caractère, et d'un
pinceau large et énergique.   (24)

358 — Femme de marin faisant danser son enfant. Cette
composition est pleine de grâce.   (434)

359 — L'Invasion : une paysanne étendue à terre, ayant
ses enfans près d'elle, est affrayée de l'approche
de l'ennemi ; des malles, matelats et ustensiles
de ménage, annoncent la dévastation.   (479)

360 — La comtesse Almaviva et le page dont elle essuie
les larmes. Ce tableau est d'une finesse de couleur remarquable, les étoffes sont bien peintes,
et la lumière est large et d'un bel effet.   (554)

361 — Une femme s'est endormie en faisant lire une jeune
fille, qui la regarde avec plaisir. Ce tableau

toutes les qualités de ceux précédemment décrits,
et ne leur est inférieur sous aucun rapport. 449.

362 — L'Heureux ménage : une jeune femme tient sur un
de ses genoux un enfant qu'elle allaite, et
son mari s'appuie sur l'autre en la contemplant
avec ravissement. Cette jolie scène d'intérieur de
famille est peinte avec toute la grâce que com-
porte un aussi joli sujet. (482)

363 — La leçon de dessin : un jeune peintre, tenant sa pa-
lette d'une main, explique à une jeune fille qui
l'écoute attentivement les différences de son
dessin avec le modèle qu'elle copie. (369)

364 — Dans l'intérieur d'un salon, un jeune homme est
assis à côté de son épouse malade ; il cherche à
la distraire par la lecture ; la mère, appuyée sur
le fauteuil de sa fille, contemple ses enfans. 417.

365 — Une femme de marin, assise au bord de la mer,
près d'une barque et tenant un enfant sur ses
genoux, paraît attendre son mari avec la plus
vive inquiétude. (362)

366 — Une jeune paysanne dans sa cuisine essaie les
premiers pas de son enfant. (477)

367 — Dans l'intérieur d'un boudoir, une jeune dame à
sa toilette, devant une table recouverte d'une
tapisserie, et sur laquelle est une glace, essaie
une nouvelle parure. (476)

368 — Appuyée sur des ruines au bord de la mer, Ma-
rianna tient son enfant dans ses bras, et fixe
ses regards sur un bâtiment en pleine mer, qui
emporte son époux. (679)

369 — Une jeune femme assise près du berceau de son
enfant malade, paraît plongée dans la douleur.
(435)

370 — Une femme de pêcheur fait sauter sur ses genoux son jeune enfant coiffé d'un mouchoir bleu, elle est assise an bord de la mer. (426)

371 — Une jeune femme de chambre, un balai à la main, paraît écouter avec attention à la porte de sa maîtresse. (481)

372 — Une jeune et jolie femme de chambre, assise sur le rebord d'une croisée, paraît réfléchir avec plaisir à une lettre ouverte qu'elle tient à la main. (596)

373 — Une jeune femme, coiffée à l'espagnole, a placé son jeune chat près d'une jolie volière; elle paraît former son éducation et l'habituer à voir des oiseaux. (597)

374 — Une jeune dame déguisée en domino brun, qui est entr'ouvert, laisse apercevoir un double costume de page espagnol en satin bleu; assise près d'une table, elle répond à un billet. 628.

375 — Evirchoma: jeune femme assise sur un rocher; elle est vêtue d'une tunique blanche, une lyre sur les épaules; elle a posé un jeune enfant sur ses genoux, qu'elle appuie contre son sein. Ce sujet est d'une mélancolie douce et d'un effet harmonieux. (195)

GARNERAY.

376 — Port d'Ambleteuse, par un temps de grain. Les figures sont de X. Leprince. (433)

M. GENTBAC.

377 — Habitans des Landes dans les champs. Tableau finement peint. (517)

GERICAULT.

378 — Étude de carabinier. Le petit nombre de productions de cet habile artiste, et la manière à la

33

fois franche, large et vraie avec laquelle cette
belle figure a été peinte, en font une production
du plus haut mérite.   (390)

379 — Etude de cheval blanc dans une écurie, dans le
    fond plusieurs chevaux de la même couleur
    sont au ratelier. Cette étude, une des plus re-
    marquable de l'auteur, est d'un pinceau gras ;
    la lumière y est large et savamment distribuée,
    et les effets du poil de l'animal y sont parfaite-
    ment rendus.   (229)

GIRARD.

380 — Fabrique au bord de la mer, près de Marseillle.
                                                  (213)
381 — Forêt traversée par un chemin tortueux ; un pâtre
    garde des chèvres.   (144)
382 — Des pêcheurs au repos sont auprès de leurs bar-
    ques: marine, effet de soleil couchant.   (163)

GIRODET

383 — Etude de tête de femme en extase.   (691)
384 — Autre étude de femme, une main posée sur son
    épaule et de l'autre tenant une draperie jaune.
                                                  (305)

GOUREAU.

385 — Le port de Cette. Effet de soleil couchant d'une
    grande harmonie.   (636)
386 — Vue prise à Pau dans les Pyrénées.   (611)
387 — Le pont du Torrent dans les Pyrénées ; des ani-
    maux sur un chemin près d'une partie de bois
    sur des rochers.   (637)
388 — La noce à Saint-Lary, dans les Pyrénées ; un
    grand nombre de personnages accompaguent
    la mariée qui va à l'église, donnant la main à
    son futur.   (640)

3

389 — Le moulin-à-vent de Bidos: une large rivière, sur
laquelle sont des bateaux chargés, occupe une
partie du premier plan du tableau, et de l'autre
côté une femme, portant un grand panier sur
sa tête, est suivie d'une vache.   (638)

390 — Marine aux environs de Cette, riche de détail et
de couleur; effet de soleil couchant.   (639)

391 —
Tous les tableaux de cet artiste, que nous venons
de décrire, sont des sites pris sur la nature et
exécutés avec beaucoup de soin ; la couleur en
est agréable et riche en même temps que les
tons en sont très harmonieux.

M. GRENIER.

392 — Sapeur en ambuscade derrière un arbre, armant
son fusil; dans le fond des voltigeurs font feu.
Petit tableau d'une exécution précieuse.   (111)

GREUSE.

393 — Tête d'un jeune garçon. Une couleur fine et transparente et un pinceau suave et gracieux sont
les qualités qui distinguent cette jolie production.   (485)

M. GUIAUD.

394 — Vue du palais ducal à Venise. Ce tableau, dont la
vue est des plus riches, est garni d'un très
grand nombre de petites figures agréablement
touchées, qui y donnent de la vie et du mouvement.   (450)

M. T. GUDIN.

395 — Plage à marée basse : effet de soleil couchant par
un temps couvert. Ce tableau, d'une grande
finesse de couleur, est d'une harmonie parfaite.   (286)

396 — Pleine mer par un temps couvert : un trois-mâts
dont toutes les voiles sont pliées, est battu par
les vagues qui sont d'une grande vérité de
transparence et de couleur.   (238)

397 — Pleine mer : effet de soleil couchant ; la projection
de la lumière dans les eaux est d'une grande
vérité, et le bateau pêcheur qui est sur le devant, et s'éloigne du spectateur, est d'un effet
piquant.   (283)

398 — Marine, effet de soleil couchant : un vaisseau près
de la côte, rentre au port par une mer dont
les vagues sont assez fortes ; dans le fond, à gauche, est un phare recevant dans sa partie élevée
les derniers rayons du soleil. Tableau d'une
grande transparence et d'une jolie couleur. 266.

399 — Autre marine, vue des côtes d'Ostende : sur le devant une chaloupe est conduite par des marins ;
plus loin et près de la côte, un vaisseau à l'an-
cre ; dans le fond un bateau à vapeur, etc. Ce
tableau, dont l'effet est, piquant, est, ainsi que
ceux précédemment décrits, d'une couleur fine
et transparente , et d'une exécution légère.
                                               (368)

400 — Autre marine : commencement de gros temps au
couchant du soleil ; une chaloupe dont le mât
est brisé est remorquée par un bateau pêcheur ;
dans le fond un trois - mâts balancé par les
vagues. Ce tableau , une des belles productions de son auteur, est d'un effet large , le
ciel est léger, les eaux en sont très transparentes, et la lumière y est des mieux distribuée ;
les petites figures qui sont dans les embarcations sont pleines de mouvement et d'expression.   (268)

M. GUET.

401 - La diseuse de bonne aventure : une vieille femme
de bout près le seuil d'une porte, dit la bonne
aventure à une jeune fille italienne dont elle
tient une main; une jeune fille, qui est à ses côtés,
l'écoute avec étonnement. Ce tableau est d'un
pinceau gras, et le caractère des figures qui le
composent en est gracieux.   (236)

402 — Philosophe assis devant une table sur laquelle il est
appuyé, regardant une jeune femme élégamment
vêtue, qui lui montre ses appas. Tableau très
fin de ton et de couleur.   (453)

403 — Des enfans jouent avec un chien sur les genoux
d'une jeune fille. Petit tableau de deux figures
plein de naïveté.   (233)

404 — Une jeune laitière entourée de ses pots au lait,
déjeune. Tableau d'une exécution vraie et d'un
pinceau gracieux.   (233)

405 — Le rendez-vous au puits.   (445)

406 — Le pélerin : il est monté sur un tertre, d'une
main tenant un livre, et de l'autre son bour-
don; il harangue un groupe de paysans qui
sortent d'une église. L'expression de toutes ces
têtes est vraie, et la lumière y est bien distribuée.   (448)

407 — Femme revenant de la pêche, portant un filet sur
ses épaules.   (272)

408 — Jeune garçon coiffé du schako et appuyé sur un
grand sabre, près de lui un tambour et fourni-
ment de costume de garde national. Petit tableau d'une exécution soignée.   (253)

Mme HAUDEBOURT LESCOT.

409 — Une jeune femme italienne, assise sur une chaise

près d'un arbre, reçoit une caresse d'un jeune
enfant sur le dossier de sa chaise. Tableau
gracieux de composition et d'exécution. (217)

M. HOSTEIN

410 — Paysage : vue prise à l'Ile-Adam. Tableau d'une
couleur vigoureuse.   (602)

M. JOLIVARD.

411 — Laveuses auprès de vieilles constructions en ruine, au milieu desquelles sont des arbres. Tableau d'une couleur fine et harmonieuse. (427)

412 — Intérieur de forêt : au bas de grands arbres sont
des tas de bois coupé.   (478)

413 — Paysage; vue prise au Mans : sur le devant, des
figures et des bestiaux près d'un hangar en partie détruit, et derrière, des pâturages bordés
d'arbres.   (466)

414 — Terrain montueux sur lequel sont des arbres et des
vaches. Ce petit tableau est d'un effet piquant,
les vaches sont d'une touche ferme et spiri-
tuelle, ainsi que le paysage.   (561)

415 — Étude de rochers.   (514)

416 — Paysage agréablement coupé par des arbres for-
mant haie, et sur le devant duquel sont des vaches et ânons dans un pâturage. Très joli tableau d'une couleur fine et sur lequel la lumière
est bien distribuée.   (566)

417 — Étang, entouré de peupliers, sur lequel un bateau
ayant deux pêcheurs dedans; une femme lave
du linge. Tableau d'une couleur vraie.   (158)

418 — Paysage, sur le devant duquel est un bouquet de
bois et quelques arbres épars, plusieurs jeunes
filles se disposent à faire une promenade à ânes.
Ce tableau est, ainsi que les précédens, d'une

    grande vérité de couleur, et les arbres sont
d'un feuillé vrai. (676)

419 — Étang traversé par un pont de bois sur lequel est
une femme qui étend des draps. (425)

420 — Paysage, effet de soleil couché. (469)

421 — Mare dans laquelle sont des porcs : un jeune paysan
leur jette de l'eau ; des peupliers près desquels
est une charrette de foin et de jolies petites figures ornent ce tableau. (166)

422 — Route de Chailly, dans la forêt de Fontainebleau :
sur le devant des femmes de paysans font du
bois mort, et plus loin des postillons retournent
au relais. Ce tableau, d'une grande vérité
d'exécution, est d'un beau pinceau, et l'époque
de la saison que l'artiste a voulu rendre lui a per-
mis de mettre de la variété dans sa couleur qui
est des plus agréables. (556)

423 — Intérieur de forêt : sur le devant une mare dans
laquelle viennent se désaltérer des animaux.
Ce tableau, que l'on peut comparer à celui précédemment décrit, est garni de beaucoup de
bestiaux, dont la couleur variée est d'un agréable effet et lui donne beaucoup de richesse.
(675)

424 — Paysage ; vue prise au Mans : une grande mare, à
gauche, occupe le premier plan, et derrière des
vaches sont près de la ferme ; sur le second plan,
des femmes coupant des blés. Ce paysage, dont
la végétation est entrecoupée d'arbres et de
bâtimens, est d'une couleur vraie. (547)

425 — Intérieur de forêt en partie coupé par une mare
près de laquelle est un chasseur et ses chiens ; rien
de plus vrai que ce massif d'arbres sous lequel

l'on s'enfonce. Très beau tableau d'une belle couleur. (468)

426 — Intérieur de forêt en partie en taillis : sur le devant, une mare près de laquelle sont des bestiaux ; dans le fond, éclairé par une lumière, sont plusieurs personnages. (677)

427 — Intérieur de forêt : une société déjeune sur le gazon. Ce tableau, d'une finesse remarquable, est une des plus belles productions de son auteur. (442)

428 — Forêt : au devant sont de gros rochers. (562)

429 — Lisière de forêt, au devant de laquelle sont des femmes qui font de l'herbe, et des bestiaux qui paissent. (558)

430 — Etude d'après nature. (162)

431 — Sur le bord d'une clairière, des femmes sont occupées à ramasser du bois mort ; un paysan est assis sur le bord d'une ravine. (555)

432 — Un jeune garçon chemine sur une route qui traverse une forêt ; à gauche, près d'une mare, des villageois gardent un troupeau des vaches. (17)

M. JOLLIVET.

433 — Episode du siége de Saragosse : derrière une redoute démantibulée, un Espagnol, debout, excité par un moine qui lui présente un Christ, arme son fusil et s'apprête à tirer ; à ses pieds sont plusieurs morts et une mère qui tient son fils dans ses bras. Ce tableau, d'un caractère énergique, est d'une couleur mâle et vigoureuse parfaitement convenable au sujet. (719)

434 — Tête d'étude de femme, d'un beau caractère, enveloppée d'une draperie rouge. (274)

435 — Aumône à la porte d'un couvent espagnol : des mendians debout et près d'un guichet d'un cou-

vent attendent et reçoivent la charité; deux
autre, homme et femme, tenant un enfant
assis et appuyés contre deux bases de colonne,
attendent qu'on leur fasse la charité. Tableau
largement peint et d'une couleur riche.   (661)

136 — Guérillas valencien : il est debout contre un rocher
sur lequel il s'appuie et ayant près de lui son
fusil.   (660)

137 — Jeune marin catalan, appuyé près d'une barque à
terre, et dans laquelle est un jeune enfant qui lui
parle, qu'il écoute et regarde en jouant de la
mandoline. Petit tableau d'un pinceau suave et
énergique.   (242)

138 — Catalane, ayant une cruche sur la tête et une
autre à la main, regarde son fils qui est à ses
côtés et qui lui présente une orange.   (50)

139 — Environs de l'Escurial : un Maragate demande son
chemin à un Valencien et à sa femme assise près
d'une croix. Tableau, effet du soleil couchant
    (26)

140 — Course de taureaux à Madrid.   (36)

141 — La femme d'un brigand, tire d'une cassette des bi-
joux qu'elle montre à son mari. Tableau d'une
couleur énergique.   (716)

142 — Une famille malheureuse de la perte d'un de leurs
enfans : le père, debout près de son enfant mort
et entouré de fleurs, le regarde avec attendris-
sement, et la mère, assise à ses pieds et ayant
son fils sur ses genoux est dans une grande affliction. Ce tableau, bien composé et exécuté, est
d'une couleur énergique.   (662)

143 — Betzabé faisant sa toilette. Très belle tête d'étude
d'une belle couleur et d'un pinceau large et gracieux.   (278)

444 — Jeune femme en costume du xvie siècle. Très belle
étude vraie de pose et de couleur.   (336)
445 — La lecture : une jeune fille en costume du xvie siècle,
la tête appuyée sur sa main , lit un manuscrit.
De l'attention dans la tête qui est d'un jolie caractère et une exécution fine dans les ajuste-
mens, sont les qualités qui distinguent ce tableau et les deux pendans.   (288)
446 — Louis et la chanteuse : sujet tiré de Jolie fille de
Perth. Ce tableau, composé d'un grand nombre
de figures, est bien entendu d'arrangement, les
groupes y sont bien distribués ainsi que la lumière. Un pinceau suave et des expressions
bien rendues sont les qualités premières de ce
tableau, qui ne peut manquer de fixer l'attention des amateurs.   (663)
447 — Le repaire : un brigand et sa femme croyent être
surpris.   (664)
448 — Moine expliquant une position à prendre à un chef
de guérillas qui l'écoute et paraît douter de ce
qu'il lui dit ; un autre moine, derrière celui qui
lui parle, le regarde avec attention et s'aperçoit de son hésitation ; dans le haut de la montagne, un moine exhortant une guérillas. Tableau
énergiquement pensé et rendu.   (575)
449 — Quentin Durward en sortant de la petite rivière
où il avait failli se noyer, grâce à l'insouciance
de Louis XI et de Tristan l'ermite, auquel il avait
demandé si le passage était guéable , leur témoi-
gne son mécontentement.   (682)
450 — Fontaine à la porte d'Atocha à Madrid : un mu-
letier ou ariéro de la Vieille-Castille, monté sur
son mulet, qui s'abreuve à la fontaine, cause
avec une jeune fille qui est venue y puiser de

l'eau. Tableau plein de finesse et d'harmonie.
(13)

451 — Chevrier espagnol : il joue de la cornemuse en gardant son troupeau. (42)

452 — Susanne au bain. (279)

453 — Sur un grand chemin, sur le revers d'une montagne, des Mignons conduisent une famille de Bohémiens qu'ils ont arrêtée ; deux gros chiens accompagnent le cortège. (401)

454 — Jeune pâtre espagnol assis sur le bord d'un précipice au bord de la mer; plusieurs chèvres sont près de lui. (698)

455 — Intérieur gothique, dans lequel un vieillard fait lire de jeunes enfans. Tableau d'une finesse remarquable. (717)

456 — Paysage, site de montagne : sur le devant des bestiaux se reposent. Tableau effet de soleil couchant. (281)

457 — Pendant du précédent. (199)

458 — Un pont couvert passe sur un torrent et aboutit à un chemin montueux, sur lequel est un chariot. (212)

M. JOYANT (d'après M. T. Gudin).

459 — Vue du cours de l'Isère à Grenoble. (486)

460 — Marine : mer calme avec bateau pêcheur sous voiles. (483)

461 — Côte d'Ostende. (375)

462 — La chaloupe remorquée. (413)

463 — Même sujet. (397)

464 — Fin d'un orage sur les côtes de Bretagne. (359)

465 — Bourrasque : fin d'un orage. (415)

466 — Marine. (508)

M. LAPITO.

467 — Vue de Fribourg : des personnes sur le pont et

43

d'autres qui se baignent garnissent ce tableau.
(635)

468 — Vue prise en Suisse, près de Fribourg : de hautes
montagnes bordent l'horizon ; à droite, un torrent baigne le pied des rochers ; à gauche, est
un moulin à eau : des habitans sont livrés à diverses occupations. (634)
Ces deux tableaux sont peints avec vigueur et
d'une couleur très harmonieuse.

M LAVAUDAN.

469 — Étude de femme vêtue d'un peignoir blanc, et lisant un billet qu'elle tient d'une main, tandis que
l'autre s'appuie sur sa joue ; un bouquet de ro-
ses posé sur une table, paraît lui avoir été en-
voyé avec le billet. Très jolie étude faite d'après
nature, peinte avec soin et d'une couleur agréable et vraie. (207)

M. LEBOUIS.

470 — Chasseur breton appuyé sur un mur en ruine : le
fond du tableau est une vaste campagne, d'un
effet brumeux. (209)

471 — Gurthe et Wamba égarés dans la forêt : tiré de Ri-
chard en Palestine, par Walter Scott, (127)

472 — Morton allant visiter l'ermite : il est devancé par
une jeune fille, qui va traverser un pont fait
d'un arbre ; tiré des Puritains. (130)

473 — La mort d'Alonzo ; sujet tiré des Incas. Tableau
d'une bonne couleur. (4)

474 — La jolie fille de Perthes visite le père Clément dans
la montagne. (88)

475 — Halte de mendians à la porte d'une ferme ; près de
là est une voiture attelée de trois chevaux. Tableau remarquable. (96)

486 — Paysage et moulin, duquel sort une grande masse
d'eau.   (694)
487 — Marine et côtes.   (463)
488 — Vue prise à Sèvres.   (460)
489 — Fabrique près d'un petit pont sous lequel passe
une rivière.   (722)
490 — Maison d'habitation au bord de la mer, de l'autre
bord l'on voit un fort destiné à en défendre les
approches.   (128)
491 — Marine : un bateau pêcheur sur une grosse mer,
dans lequel sont des pêcheurs dont l'un tire un
filet.   (451)
492 — Vue du pont de Batigny dans la forêt de Compiè-
gne ; de beaux arbres, bien dessinés et d'une
jolie couleur, composent ce charmant tableau.
(157)
493 — Site pittoresque et boisé : deux villageois sont à l'a-
bri sous un massif d'arbres, vis-à-vis lequel est
une chaumière.   (273)

M. LAUZEN (d'après Ommeganck).

494 — Groupe de moutons couchés à terre ; effet de soleil
couchant.   (273)

M. LESAINT.

495 — Intérieur de vestibule de cloître, au fond duquel
est un escalier : un moine est assis et lit avec
attention. Ce tableau, d'une jolie couleur, est
bien entendu d'effet.   (607
496 — Intérieur avec une ouverture de porte au fond et
à travers de laquelle l'on voit la campagne : un
moine est au milieu de ce tableau qui est bien
entendu d'effet.   (608
497 — Intérieur : sur le devant coule un ruisseau traversé par une planche, près de laquelle est une

femme vue de dos, venant puiser de l'eau. Petit
tableau très fin de ton.   (105)

498 — Intérieur de cloître gothique en partie ruiné et au
milieu duquel est un piédestal.   (609)

499 — Intérieur d'Eglise : dans le fond un prêtre qui of-
ficie.   (470)

500 — Intérieur de cellier recevant le jour par une croisée. Ce petit tableau, riche d'accessoires peints
avec soin, est d'une grande vérité.   (91)

501 — Intérieur d'église : dans le fond est une femme à
genoux en prières devant un autel.   (472)

502 — Extérieur d'une église de laquelle bon nombre de
personnages sortent.   (169)

503 — Intérieur : sur le devant une mare, et une femme
tenant une vache à l'attache, qui vient y
boire.   (479)

504 — Intérieur d'église gothique ; un enfant de chœur est
près d'un pupitre.

505 — Autre intérieur sur le devant duquel est un escalier avec une rampe en fer.   447)

506 — Autre intérieur d'un grand vestibule conduisant à
un jardin.   (452)

507 — Intérieur à travers lequel l'on voit une partie du
château de Coucy.   (184)

508 — Intérieur près duquel est la principale porte d'entrée d'une église, d'où sort une femme enveloppée de son manteau ; la lumière qui arrive à
travers une arcade est franche et lumineuse et
la couleur en est fine.   (606)

509 — Intérieur gothique : deux moines vêtus de blanc
sont près d'un mur dégradé.   (125)

510 — Intérieur d'église : au fond est un bénitier,
en partie éclairé par une fenêtre.   (430)

511 — Intérieur: un homme assis sur un escalier parle à une femme debout près de lui. (97)

512 — Intérieur d'église : sur le devant un confessional dans lequel est une pénitente, et derrière, sur des bancs, sont plusieurs femmes assises qui lisent leurs prières; dans le fond un enfant de chœur. Tableau d'une jolie couleur. (344)

513 — Intérieur : dans le fond l'on voit deux moines.(437)

514 — Ruines d'une ancienne abbaye. (604)

515 — Intérieur de cloître : dans le fond un ouvrier roule une brouette, dans laquelle sont des outils.(605)

516 — Intérieur d'église à Surène : dans le fond un prêtre qui dit la messe, et sur le devant plusieurs figures en prières. Cet intérieur d'une jolie architecture est d'une bonne couleur. (300)

517 — Intérieur en ruine : sur le côté en face d'un escalier, un tombeau entouré d'herbes. (598)

518 — Intérieur d'église en réparation, garni de grandes armoires: un maçon remue une grosse pierre. (537)

519 — Intérieur : dans le fond une porte soutenue par un pilier ; sur le devant une vache près d'une auge dans laquelle elle va boire, et plus loin une femme qui parle à une petite fille. Tableau d'une couleur vraie. (86)

520 — Intérieur : deux moines sur le devant et un autre en face d'une porte, vers laquelle il se dirige. Petit tableau d'une jolie exécution. (380(

521 — Extérieur d'église au devant de laquelle est un missionnaire au pied d'une croix, faisant une prédication au peuple qui l'écoute. (104)

522 — Intérieur éclairé par un soupirail. (139)

523 — Autre, au milieu duquel est suspendu une lampe. (151)

524 —Salle basse d'un monastère donnant sur un jardin : sur un des côtés est une fontaine, un moine vient chercher de l'eau. (332)

Mme LESAINT.

525 — Intérieur de cuisine. Petit tableau d'une finesse de touche et d'un ton remarquable. (423)

A.-X. LEPRINCE.

526 — Chevaux blancs dans une écurie. (262)

527 — Cheval de Mecklembourg à la porte de l'écurie. (265)

528 — Etude de terrains. (257)

529 — Etude de turc dans un atelier. (214)

530—La fête de village : un grand nombre de paysans sont rassemblés sous des tentes et tirent au fusil sur un but hors de l'œil du spectateur. Ce tableau, bien composé, est d'une jolie couleur. (270)

531 — Brigand en embuscade. (183)

532 — Etude d'âne bâté et attaché à un anneau fiché dans un mur. (616)

533 — Fonderie de fer à Alvar. (222)

534 — Etude de vache rouge. (230)

535 — Un marchand de bestiaux conduit un troupeau de vaches et cause avec des voyageurs. Tableau du plus beau faire de cet artiste. (185)

536 — Cascade dans l'intérieur d'une forêt, d'après Michallon. (109)

M. LEPRINCE (Léopold).

537 — Paysage, sur le devant duquel est un chemin conduisant à un massif d'arbres; à gauche des constructions dans la demi-teinte. Tableau vrai de couleur et d'effet. (110)

538 — Paysage : au devant est une mare dans laquelle traverse un petit garçon coiffé d'un bonnet

rouge, et deux ànes chargés. Tableau d'une
jolie couleur et bien entendu d'effet. (179)

539 — Vue prise à Sassenage. (172)

M. LESSORE.

540 — L'éducation du chien : une jeune fille tenant une
casserolle de terre sur ses genoux parle à un
chien, un jeune garçon de bout, les regarde
avec attention. Tableau d'une couleur énergique. (5˜1)

M. MOILLE SAINT-PRIX.

541 — Vue prise aux environs de Corbeil. (406)

Mlle MARTIN (Adèle).

542 — Les bon papa : scène d'intérieur de famille. (708)
543 — La bonne maman; pendant du précédent. (709)
544 — Jeanne et Effie Déans dans la prison d'Edimbourg.
(710)

Ces trois tableaux sont remarquables par leur
composition et la finesse avec laquelle ils sont
exécutés.

M. MARTIN (Paul).

545 — Intérieur d'église, servant d'entrepôt de machines :
sur le devant, des roues, débris de bois et de
la paille. Tableau bien éclairé et d'un joli effet.
350)

M. MATOUT.

546 — Très beau paysage ; site de Bretagne coupé par un
lac : sur le devant, un paysan debout près d'un
bœuf, joue de la cornemuse ; il fait danser un
jeune homme et une jeune fille. Ce tableau, d'un
très beau site, est d'une jolie couleur, et bien
entendu d'effet. (76)
547 — Vue prise aux environs d'Angers. Ce tableau, d'un

beau site agréablement coupé par une rivière qui le sillonne, est d'un effet de soleil couchant suave et harmonieux ; sur le devant, des figures et des bestiaux ornent le premier plan.   (146)

548 — Episode de la Nouvelle Héloïse : une mère aperçoit son enfant qui est dans le lac, près de se noyer, et près duquel elle accourt pour le sauver. Ce tableau, d'une jolie couleur, est plein de sentiment ; les figures sont très expressives et d'une touche gracieuse et facile : elles sont de M. Rémond.   (381)

549 — Marin à Victry, près Naples.   )705)

550 — Vue prise du palais de la reine Jeanne, à Naples.   (720)

551 — Vue prise sur le quai Voltaire ; on aperçoit le pont des Saints-Pères en construction.   (116)

552 — Vue du Pont-Royal : soleil levant ; pendant du précédent.   (117)

553 — Vue prise en Bretagne : effet d'orage.   (120)

M. MEYER.

554 — Paysage composé.   613)

MICHALLON.

555 — Intérieur de forêt dans laquelle est un chasseur tirant un gibier. Ce tableau d'un artiste enlevé trop tôt aux arts, est remarquable par la finesse de sa touche et la belle nature des arbres qu'il a rendus avec une grande vérité.   (539)

556 — Grande cascade à Tivoli ; les rochers et les eaux sont d'une très grande vérité.   (690)

M. MILON.

557 — Vue du marché et du clocher de Lille-Bonne ; bon nombre de petites figures garnissent ce tableau qui est bien entendu d'effet.   (301)

M. MONVIGNIER.

558 — Habitation de paysan en Normandie, derrière laquelle sont des arbres. (150

M. MONVOISIN.

559 — Tête de vieillard. Très belle étude, fine de ton et de couleur. (524)

M. MONDRUX.

560 — Canards morts et carnassière près d'un arbre. (590)

561 — Vue du lac de Thoux, près duquel est un châlet, des figures et des animaux. (700)

562 — Vue du couvent de Saint - Benoît dans la Sabine : sur le devant, près d'un chemin montueux sur lequel sont deux personnages, une cascade entre des rochers. Tableau vrai de couleur et bien entendu d'effet. (644)

563 — Vue prise dans les ravins d'Amalfi : très beau site d'un caractère âpre et sauvage. (704)

564 — Paysage, site de montagnes : sur un tertre, près duquel roule un torrent, est une maison d'habitation. Ce tableau d'un site pittoresque est d'un effet brillant. (601)

565 — Pont traversant un torrent. (683)

566 — Vue prise à Terracine. Paysage plein d'effet. (678)

M. MOZIN.

567 — Marchands de poissons sur le bord de la mer, à Villerville. Ce tableau, composé d'un assez grand nombre de figures bien groupées, est harmonieux de ton, et la lumière y est gracieusement distribuée. (220)

568 — Le retour de la pêche : un chariot attelé près d'une barque sur la plage et des pêcheurs, qui ont encore les pieds dans la mer, garnissent les

devans de ce tableau qui est d'une jolie couleur et lumineux. (227)

569 — Barque de pêcheurs pliant leurs voiles et rentrant par un gros temps ; les vagues sont d'une grande transparence, et la couleur de ce tableau est vraie. (535)

570 — Entrée du port de Honfleur : des embarcations balancées sur de grosses vagues, plient leurs voiles. Tableau très brillant de couleur et de ton. (522)

O'CONOR.

571 — Paysage : montagnes d'Écosse. (304)

Mlle PAGÈS (Mme BRUNE).

572 — La pauvre fille. Tableau exécuté d'après l'élégie de M. Soumet ; il est impossible de rendre avec plus de talent la pensée de l'auteur. (455)

M. PARADIS.

573 — Égyptien assis et appuyé sur un rocher. (221)

574 — Brigand italien, étendu à terre près d'un rocher, tenant son fusil près à être armé. Tableau d'une jolie couleur. (92)

M. PERROT.

575 — Vue de l'abbaye de Saint-Mathieu, en Bretagne, bâtie sur un rocher élevé, au bas est la mer, dont les vagues viennent se briser contre le rocher, et, dans le fond, un bâteau à vapeur qui arrive. Ce tableau est bien entendu d'effet et d'une couleur vraie. (723)

576 — Barque de pêcheur en pleine mer surprise par un gros temps. Ce tableau d'un effet sombre et vrai est d'une exécution soignée ; les vagues y sont d'une très grande transparence, et les petites figures sont vraies d'expression et de mouvement. (247)

M. PETIT.

577 — Vue prise à Tours : sur le devant un batelet dans lequel sont deux femmes et un homme qui le conduit. Tableau d'une couleur vraie.   (276)

M. PINGRET.

578 — Jeunes paysannes en deuil, en prière devant une tombe ; une jeune petite fille les regarde avec attention. Ce tableau, dont les figures portent le costume pittoresque des femmes des Eaux-Bonnes dans les Pyrénées, est bien peint et d'un effet vrai.   (90)

REGNAULT.

579 — Moulin à eau attenant à un bois.   (156)

580 — Paysage traversé par une rivière auprès de laquelle est une paysanne lavant son linge. (95)

M. RÉMOND.

581 — Paysage ; site d'Italie, effet d'orage, coupé de montagnes et traversé par un aquéduc, sous lequel passe un ruisseau faisant cascade ; sur le premier plan, des paysans, assis et debout, conversent ensemble. Ce tableau, dont la lumière est bien distribuée, a gagné le premier prix à Rome. (530)

582 — Etude de chêne vert.   (200)

583 — Vue prise aux environs de Papigno : très beau site coupé de montagnes et d'une couleur énergique ; sur le devant un groupe de figures.   (361)

584 — Etude d'arbres à la villa d'Est.

585 — Lac de la petite ville de Giusano, en Italie : des femmes se baignent à l'ombre d'arbres placés sur le premier plan. Tableau d'un joli effet. (578)

586 — Cascade en Italie, près de laquelle est une maison à laquelle on arrive par un escalier taillé dans

le roc sur lequel elle est bâtie. Tableau bien entendu de lumière et d'opposition.   (572)

587 — Très belle étude de platane, près d'une fontaine
où une femme vient puiser de l'eau.   (202)

588 — Napolitain écoutant un matelot qui chante. (182)

589 — Vue du couvent de Rieti, dans la campagne de
Rome. Tableau capital.   (284)

590 — Etude de hêtre.   (241)

591 — Vue du calvaire, à Naples.   (176)

592 — Etude de pins d'Italie.   (186)

593 — Marine à Naples, d'un effet brumeux. (159)

594 — Vue prise dans le Forum, à Rome. Des groupes de
figures garnissent ce tableau, qui est d'un site
remarquable et bien connu.   (577)

595 — Très belle étude de noyer.   (187)

596 — Intérieur de la grotte de Neptune, à Tivoli : de petites figures, placées dans la lumière, sont d'un
effet piquant.   (706)

597 — Vue du couvent de Rieti, dans la campagne de
Rome : sur le devant, un moine donne sa main
à baiser à une paysanne. Tableau beau de ligne
et de couleur.   (129)

598 — Paysage : sur le devant, un tronc de hêtre mort et
des chênes entre des rochers, près desquels un
homme à cheval, conduisant une vache. Tableau
d'un pinceau riche et d'un grand caractère. (703)

599 — La suite d'un naufrage : sur le premier plan, un
débris de mâture de vaisseau, sur lequel est un
marin; dans le fond, un vaisseau battu par la
tempête. Ce tableau est d'une grande vérité de
couleur; les vagues sont transparentes, et le ciel
sombre, légèrement peint.   (570)

600 — Etude d'orme   (302)

601 — Le brigand blessé : il est assis près d'une roche,
ayant près de lui une malle. (241)

602 — Vue prise à la villa d'Est. De belles lignes d'architecture et des arbres énergiquemet touchés,
composent ce joli tableau. (306)

603 — Lavoir à Tivoli : effet d'orage au lointain. (285)

604 — Vue prise en Dauphiné : site boisé, occupé par un
moulin adossé à un roc couvert de verdure. (240)

605 — Pendant du précédent : des blanchisseuses lavent
du linge à l'eau d'un ruisseau, dont les eaux font
tourner un moulin. (243)

606 — Vue prise sur les bords de l'Are, en Maurienne.
Tableau d'un bel effet et d'une composition gracieuse. (573)

M. RÉMOND, d'après M. T. GUDIN.

607 — Très belle copie du tableau de cet artiste, catalogué
sous le n° 400.

M. REMY.

608 — Paysage coupé par une rivière bordée de massifs
d'arbres. (366)

M. RENOUX.

609 — Ruines du château de Lavardin: sur un monticule
couvert de verdure et de broussailles , un pâtre
et une femme y gardent des chèvres. (193)

610 — Intérieur : un seigneur, vêtu d'une pélisse garnie de
fourrure, et dont les mains sont liées par une
chaîne, regarde avec attention une statue ados-
sée contre un mur. La neige qui est sur le terrain et dans les diverses parties de ce tableau
est d'une grande vérité. (271)

611 — Intérieur : de grandes voûtes soutenues par des
gros piliers derrière lesquels est la lumière,
composent ce tableau qui est largement peint ,

et sur le devant duquel est une figure d'homme assis et lisant avec attention un papier. (107)

612 — Vue du cours du Rhin au Vieux-Brissac : sur le devant, deux paysannes assise et debout conversent ensemble. Tableau bien entendu d'effet. (135)

613 — Intérieur d'église, sur le devant duquel est indiqué un cadran, pouvant au besoin recevoir un mouvement de pendule. Ce tableau lumineux de couleur est d'un effet de lumière large. (960)

614 — Intérieur avec tombe sur le devant. (136)

615 — Ruines du château de Hoënbar. (138)

616 — Intérieur de cloître de la cathédrale de Rouen. (147)

617 — Escalier et porche d'une église de laquelle sort une noce. Tableau bien ordonné. (110)

618 — Intérieur d'église : un groupe des paysans s'agenouille et prie devant une Vierge et l'Enfant Jésus posés contre un mur de l'église. (178)

619 — Jeunes filles et habitans de la Forêt-Noire en prière devant un Christ, que l'on aperçoit en face de la porte d'une chapelle et au fond. Ce tableau est agréablement peint, les figures qui le composent sont gracieuses et bien éclairées. (100)

620 — Très belle étude, de tronc de hêtre. (702)

621 — Vue prise à port Saint-Maur. Étude. (12)

622 — Intérieur : sur une fenêtre un jeune homme assis et regardant avec attention un portrait, va être surpris par une jeune fille qui vient tout doucement. Tableau bien peint et harmonieux. (422)

623 — Intérieur de cloître italien : des femmes viennent

parler à des capucins. Tableau d'un jolie effet.
(188)

624 — Armes, vases et autres objets de curiosité, dans un appartement. (54)

625 — Un moine, debout devant une madone, fait une prédication à des paysans italiens, qui l'écoutent avec recueillement. (394)

626 — Intérieur d'un cloître, au fond duquel est une ouverture conduisant à la campagne ; sur le devant, deux capucins parlent à une femme italienne. (250)

627 — Vue d'une rue de Rouen : sur le devant une église surmontée d'un clocher avec une horloge. (155)

628 — Intérieur d'une chapelle gothique : sur le devant un jeune garçon assis, parle à deux petites filles. (53)

629 — Intérieur de riche architecture, avec ouverture donnant sur la mer : dans le fond des corsaires déchargent leur navire, tandis que d'autres, sur le premier plan, examinent leur prise. (324)

630 — Etudes d'arbres et de broussailles dans des rochers. (416)

631 — Intérieur souterrain de l'Église du Refuge, à Provins. Des petites figures bien touchées, des détails de paysage bien exécutés, et une couleur riche et brillante, sont les qualités remarquable de ce joli tableau. (701)

632 — Intérieur souterrain : sur le devant une paysanne et une jeune fille sont assises sur une pierre. Tableau bien entendu de lumière et d'effet. (261)

633 — Vue prise aux environs de Strasbourg. Tableau très lumineux et d'un bel effet. (536)

634 — Ruines d'une chapelle en Italie, avec percé sur la
campagne. (249)

635 — Tableau intérieur. (259)

636 — Sous la grande voûte d'un cloître, dont les arca-
des donnent sur le bord de la mer, des contre-
bandiers sont assis autour d'un feu ; l'un d'eux
près d'un pilier, paraît faire le guet. (293)

637 — Des brigands, au milieu d'une cour de château, se
partagent un riche butin. (438)

638 — Galerie intérieure d'un cloître, ayant vue sur la
campagne : un moine fait remarquer un tombeau à des voyageurs, un autre se promène en
faisant la lecture. (34)

639 — Deux études du château de Scheneck, en Alsace.
(59 et 61)

640 — Intérieur de l'église Saint-Vincent, à Rouen, au
moment d'une prédication. Tableau capital.
(564)

641 — Ruines de Pierre-Fonds, paysage d'un bel effet et
d'une belle couleur. (665)

642 — Carée Saint-Martin, près Verbine (Oise). (666)

M. RENOUX. (D'après.)

643 — Moine dans l'intérieur d'une cellule, recevant le
jour par une double ogive. (248)

M. RICOIS.

644 — Étude près du Mans : une large rivière, bordée par
des habitations de paysans, tombe en cascade.
(421)

645 — Vue de Suisse : un grand châlet est sur la gauche,
auprès est un arbre creusé, servant d'auge,
dans lequel tombe l'eau d'une fontaine. Tableau
finement touché et d'un bel effet. (412)

M. RIOULT.

646 — Berger découvrant près d'une touffe d'herbe un jeune enfant posé sur une draperie rouge, et allaité par une chèvre. Petit tableau d'une couleur extrêmement gracieuse.　　　　(291)

647 — Daphnis et Chloé : Daphnis présente à Chloé une tourterelle qu'elle embrasse. Composition pleine de naïveté.　　　　(288)

648 — Le départ des Savoyards : une jeune fille qui emmène un jeune enfant se retourne pour dire un dernier adieu à leur village. Petit tableau vrai de sentiment.　　　　(161)

649 — Les petits Savoyards se sont endormis sur la route; pendant du précédent.　　　　(129)

Mlle DE RUMILLY.

650 — La Vierge au raisin : elle tient l'Enfant-Jésus qui d'une main lui prend le menton et de l'autre tient un raisin blanc; le petit saint Jean est derrière et regarde avec attention. Ce tableau, d'un caractère gracieux, est d'un pinceau suave, la couleur en est aussi agréable que le sujet.(465)

M. ROGER.

651 — Le retour de la pêche : dans une barque menée à rames par un marin Napolitain, un autre marin assis vis-à-vis de lui tient d'une main sa guitare et reçoit les caresses de son jeune enfant, posé sur les genoux de sa mère assise derrière lui. Ce tableau, d'une couleur vrai, est fin et harmonieux; le dessin des figures en est correct et gracieux, ainsi que l'engencement des figures.　　　　(591)

652 — La mort du bœuf du laboureur sur un chemin de Rome. Tableau d'une couleur énergique et brillante.　　　　(529)

653 — Brigand mort et étendu à terre, ayant sa femme
près de lui, un genoux en terre, et armant un
fusil. Ce tableau est d'une couleur riche et
l'expression des têtes en est forte et vraie. (534)

M. ROHIN (fils)

654 — Tête de femme, vue de profil et coiffée d'un bonnet
de velours rouge, surmonté d'un diadème.
Étude d'une jolie couleur et d'un pinceau gracieux. (355)

655 — Tête de femme, vue de trois quarts, vêtue de blanc
et d'un schall rouge. Étude d'une grande finesse.
(348)

656 — La convalescence de Légouvé : une jeune et jolie
servante, lit à une jeune fille qui l'écoute, un
passage qui paraît faire beaucoup d'impression
sur le malade. Ce tableau, bien composé , est
peint agréablement, et les têtes sont pleine de
sentiment. (9)

657 — Jeune mère donnant de la bouillie à son enfant.
(190)

658 — L'éducation : une jeune femme, vêtue d'un peignoir,
a coiffé son chien avec son bonnet de nuit. Ce
petit tableau, d'un joli effet, est gracieusement
peint. (409)

659 — Jeune fille assise sur la croisée de sa mansarde, à
laquelle est attachée une cage. Joli petit tableau
lumineux. (164)

660 — Un jeune homme , blessé au bras, s'est endormi sur
son fauteuil, une jeune fille, assise sur une croisée, tenant un livre à la main , le considère.
La lumière qui entre dans l'appartement y est
bien distribuée et l'effet qui en est mystérieux,
convient parfaitement au sujet. (204)

661 — Tète d'étude de femme , vêtue d'une tunique blanche, recouverte d'un manteau rouge, et coiffée
avec des fleurs et des raisins. Etude d'une bonne
couleur.   (377)

662 — L'enfant endormi : la mère est auprès de lui assise
sur une chaise et attend son réveil. Très joli tableau bien ajusté et plein de sentiment.   (342)

663 — Le départ pour l'école : un jeune enfant près de
partir pour l'école , pleure avant son départ , sa
grand'maman l'engage à se consoler.   (149)

M. C. ROQUEPLAN.

664 — Cromwell devant le portrait de Charles Ier. Ce tableau est d'une jolie couleur, il est d'un pinceau
large et suave.   (287)

SACCHI.

665 — Marie-Stuart à l'échafaud. Un grand nombre de figures ornent ce tableau historique.   (177)

M. SANSON.

666 — Des jeunes filles offrent des fleurs et des fruits à
saint Nicolas. Tableau d'une jolie couleur et
bien entendu d'effet.   (714)

M. SEBRON.

667 — Intérieur d'église : des femmes à genoux assis-
tent au service divin. Tableau d'une jolie couleur.   (391)

668 — Intérieur de sacristie : un prêtre, près d'un poêle
allumé, écrit. Tableau très fin de ton.   (371)

M. A. SCHEFFER.

669 — Les contes de la grand'mère : une bonne vieille
femme, assise dans un fauteuil, fait un conte à
deux enfans assis près d'elle et qui l'écoutent
avec grande attention.   (194)

670 —- Le grand-papa : il fait sauter son petit garçon à
cheval sur sa jambe, en lui tenant les mains;
une petite fille, assise près de lui, s'amuse avec
sa poupée.   (201)
Ces deux petits tableaux sont d'une grande finesse
de couleur, les têtes sont d'une expression vraie
et d'une grande bonhomie et naïveté. M. A.
Scheffer ne faisant plus de tableaux de ce genre,
qui cependant est très gracieux, nous pensons
que MM. les amateurs ne laisseront pas échap-
per cette occasion de se procurer un aussi joli
échantillon de son talent.

M. SCHMITZ.

671 — Etude d'après nature : imitation de la Chloé de
M. Hersent, d'une couleur vraie.   (11)

M. SCHNETZ.

672 — Jeune fille endormie près d'une madone. Ce tableau,
largement peint, est d'une couleur énergique et
puissante.   (528)

M. TANNEUR.

673 .— Plage à marée basse : sur le devant deux personnages se parlent. Petit tableau agréablement
peint.   (629)
674 — Plage à marée basse: effet du soleil levant; faisant
pendant du précédent.   (630)
675 — Paysage : sur le devant une mare et des habitations, et dans le fond, une grande rivière au
bas de rochers et terrains; à gauche, sur le
premier plan, quelques figures. Ce tableau est
d'une grande finesse, la distribution de la lumière le rend piquant et harmonieux.   (632)
676 — Marine : plage à marée basse, garnie de petites

figures d'un effet piquant. Ce tableau est d'une
grande vérité de couleur. (383)

677 — Marine : sur la plage découverte par la mer,
plusieurs figures de pêcheurs. Tableau très fin
de couleur. (392)

678 — Mer calme, sur laquelle est un bateau à vapeur.
(143)

M. TREZEL.

679 — L'innocence caressant l'amour qui lui présente
deux cœurs enflammés. Composition gracieuse.
(310)

M. ULRICH.

680 — Habitation de paysans au bord d'un étang, près
duquel est un groupe de bestiaux. Tableau,
effet de soleil couchant, très harmonieux. (264)

M. E.-J. VERBOEKOVEN.

681 — Cosaque vu de dos : d'une main il tient une lance
et son cheval par la bride, et les harnais
de l'autre. Petit tableau finement peint. (205)

682 — Anc et moutons dans une prairie. Ce petit tableau
est d'une grande vérité de nature. (206)

683 — Étude d'après nature d'un taureau et d'un bœuf
dans une prairie. (345)

M. VERNET LOZET.

684 — Vue prise à Thibouville : sur le devant, des animaux sont dans un pâturage, derrière lequel est
une maison de paysans entouré d'arbres. Ce tableau, d'un site agréable, est d'une couleur
énergique; la lumière du soleil, qui est déjà près
de l'horizon, y est bien rendue, et l'effet est vif
et harmonieux. (600)

685 — Intérieur de forêt, dans laquelle est une mare traversée par des bestiaux, et une femme montée

sur un âne. Tableau vrai de couleur et d'une touche agréable et facile. (669)

686 — Marche de bestiaux, vaches et chèvres, conduits par un paysan à cheval; paysage, effet de soleil couchant, d'un site pittoresque. (43)

687 - Vaches couchées et debout dans une écurie; un garçon leur fait la litière. Ce tableau, éclairé par une porte ouverte, par laquelle entre le soleil, est énergiquement peint et bien entendu de clair-obscur. (668)

688 — Troupeaux et bestiaux venant boire à une rivière qui serpente dans un paysage d'une couleur vraie et lumineuse. Ce charmant tableau est des mieux composé; la lumière y est bien distribuée, et un massif d'arbres, sur un monticule, le termine des plus agréablement. (51)

689 — Taureaux et vaches dans une prairie. Ce tableau, où les animaux sont d'une nature vraie, est d'une jolie couleur. (237)

690 — Femme conduisant des bestiaux près d'une rivière. Fixé. (581)

691 — Animaux passant une rivière à gué. Fixé. (582)

692 — Vaches, moutons et chèvres, passant dans une mare. Fixé. (580)

693 — Sur le bord d'un ruisseau, coupé par un petit pont de bois, trois vaches, gardées par une paysanne, se reposent au pied d'un saule; d'autres animaux paissent dans la prairie. (428)

694 — Des villageois et des bestiaux traversent une rivière à gué, et se dirigent vers un bois. (299)

695 — Vaches dans un marais. Très joli écran. (295)

696 — Paysage d'une grande étendue, traversé par une rivière qu'un troupeau de vaches passe au gué : effet du soir d'un ton chaud et vigoureux. (667)

697 — Paysage composé, dans lequel courent des cerfs;
d'après M. Jolivard. (688)

698 — Cerf lancé par des chiens, et au moment d'être
pris, il s'élance dans une mare qui se trouve à
la sortie d'un bois. (689)

M. VILLENEUVE.

699 — Cascade en Savoie : une chute d'eau s'échappe à
travers des arbres sur des rochers au bas
desquels est une habitation de paysan, et forme
dans le bas une large masse d'eau. Ce tableau,
d'une couleur vraie, est bien entendu d'effet.
(715)

700 — Vue prise dans le Royonais : sur le devant une
pièce d'eau encaissée entre des rochers. Ce
paysage est d'une couleur puissante et fine,
et le site en est remarquable. (364)

M. VOLMAR.

701 — Cerf faisant tête contre des chiens dans une mare;
dans le fond les chasseurs arrivent. (173)

Mlle. VOULLEMIER.

702 — Sœur de charité visitant un malade, auquel elle
apporte un médicament et lui tâte le pouls.
Tableau plein de sentiment. (218)

703 — Très jolie copie en miniature du page, peint par
M. Franquelin, et catalogué sous le n°356.(707)

704 — Jeune femme tenant un éventail : elle est coiffée
d'un turban bleu. Très jolie copie en miniature. ( )

705 — Femme de marin faisant danser son enfant sur
ses genoux, d'après M. Franquelin. (404)

M. WAFLARD.

706 — Une muse un bras appuyé sur sa lyre. Etude
largement peinte. (484)

M. WATELET.

707 — Paysage, site d'Italie: effet de soleil couchant très
vaporeux ; sur le devant, une femme est à genoux devant une madone posée sur le bord de la
route, et derrière est un homme debout enve-
loppé dans son manteau. Tableau d'une exécution fine et précieuse.   (260)

708 — Les cascatelles, à Tivoli : sur le devant, des vaches
conduites par un homme monté sur un âne. Ce
tableau, effet de soleil couchant, est d'une grande
harmonie, et le site si renommé des cascatelles,
en est admirable.   (171)

709 — Moulin près d'un massif d'arbres ; ce petit tableau
d'une grande finesse, est remarquable par le pré-
cieux de son exécution ; les eaux y sont d'un brillant et d'une transparence extraordinaires. (160)

710 — Issue d'un bois sur une prairie, bordée par une rivière, sur laquelle est un moulin à eau , ombragé
par des arbres. Ce tableau ne le cède en rien
au précédent pour la finesse de ton et du coloris.
                                                     (303)

711 — Site pittoresque coupé par une petite rivière. Très
joli fixé ; forme ronde, faisant pendant au N°
                                                     (347)

M. WEBER.

712 — Deux très jolies gouaches de petite dimension.
                                               (353 et 357)

713 — Tous les articles non catalogués seront vendus
sous ce numéro.

TABLEAUX ANCIENS.

CARPENTERO.

714 — Des vaches et des moutons paissent dans la prairie;
un pâtre assis près des rochers, cause avec une
paysanne.   (316)

CORREGE.

715 — Sainte famille.   (296)

ÉCOLE DE CORRÈGE.

716 — Vierge la tête recouverte d'un voile et les mains
jointes.   (612)

GUERCHIN.

717 — La mort d'Adonis. Tableau d'une belle exécution
et plein de lumière.   (19)

GIORGION.

718 — Concert champêtre : dans un paysage plusieurs personnages, hommes et femmes, assis à terre,
chantent en s'accompagnant de la guitare. Le
grand caractère et la couleur mâle et énergique
qui distinguent les productions de ce grand maître se trouvent dans ce tableau de petite dimension : les chairs sont énergiquement peintes, et les
draperies d'un style mâle et vigoureux.

LEBRUN.

718 *bis*. — Esquisse de la Descente de Croix.   (132)

719 — Le Christ couronné d'épines : tête pleine d'expression et de sentiment.   (579)

LUCAS DE LEYDE.

720 — Adoration des Mages : près d'une arcade, la Vierge
assise tient sur ses genoux l'Enfant Jésus devant
lequel s'agenouille un des trois mages, les deux
autres debout, sont dans une attitude de res-
pectueuse admiration. La couleur et la finesse

d'exécution de ce tableau sont d'une grande beauté et les caractères des figures sont d'une grande naïveté.

MICHEL-ANGE.

721 — L'Enfant Jésus, assis sur un tombeau et foulant à ses pieds une tête de mort, montre au loin l'action de sa résurrection. (85)

POUSSIN.

722 — Bacchante. (275)

H. RIGAUD.

723 — Elisabeth-Charlotte, palatine du Rhin, duchesse d'Orléans, représentée en grand costume de cour. (55)

TITIEN.

724 — Une Sainte Famille : dans un paysage et près d'un mur, la Vierge est assise ayant sur ses genoux l'Enfant Jésus ; devant eux est saint Jean tenant une croix et ayant près de lui son agneau ; saint Joseph, accoudé et la tête appuyée sur sa main, les regarde avec attention. L'on retrouve dans ce beau tableau toutes les belles qualités de ce grand maître, énergie de pinceau et richesse de couleur.

Il est fort peu d'occasions de se procurer un tableau de ce grand maître, et nous pensons que MM. les amateurs s'empresseront de la saisir avec empressement, afin de ne pas laisser sortir de France une aussi belle production.

VAN HUYSSUM.

725 — Vase de fleurs d'une belle composition. (280)

726 — Vache et mouton près d'un chemin. Ce tableau est d'une bonne couleur, la tête de la vache est d'une grande vérité ainsi que le mouton couché à ses pieds. (441)